W0396888

Wir häkeln Lieblingsmützen!

Eine Mütze – viele Varianten

PotatoHat

Inhalt

Vorwort

Wir von „PotatoHat“ sind einfach verrückt nach kunterbunten Mützen!

Angefangen hat alles vor fünf Jahren im Surfurlaub, als wir durch puren Zufall eine Häkelnadel in die Finger gekriegt haben. Seitdem können wir gar nicht genug bekommen von farbenfroher Wolle und den daraus resultierenden Kreationen.

Das Häkeln von Kindermützen macht uns besonders viel Spaß, da wir hier noch buntere, frechere und verrücktere Designs ausprobieren können, die ein Lächeln ins Gesicht zaubern.

Weil uns Häkeln so viel Spaß macht, möchten wir unser ganzes Mützenhäkelwissen an dich weitergeben und hoffen, dass dich das Häkelfieber genauso packt wie uns.

Coole Mützen für coole Kids! Wir erklären in diesem Buch Schritt für Schritt mit vielen Bildern ganz genau und ganz einfach, wie du vom Grundmodell ausgehend witzige Ringelmützen und lässige Longbeanies häkeln kannst. Außerdem findest du schöne, lustige und abgefahrene Ideen, wie du deine Mütze noch weiter pimpen kannst. Hübsche deine Mütze mit Ohrenklappen, einer Bommel oder einer Häkelblume auf! Sogar Mützen mit Tiergesichtern sind dabei. Such dir dein Lieblingsdesign aus und häkle deine ganz persönliche Lieblingsmütze.

Unsere „PotatoHats“ sind auch ein prima Geschenk für deine Lieben! Wie du die passende Größe und Länge für die Mütze bestimmst, erklären wir dir auch ausführlich in der Grundanleitung.

Auf unserer Website www.potatohat.de findest du außerdem einen Mützenkonfigurator, mithilfe dessen du die perfekten Farbkombinationen ausprobieren kannst, bevor du richtig loslegst.

Unsere „PotatoHat“-Modelle freuen sich schon darauf, von dir gehäkelt und in die Welt hinaus getragen zu werden.

Viel Spaß mit diesem Buch wünscht Tanja Gschwender von:

PotatoHat

Regatta

Einführung – Das Grundmodell

Schritt für Schritt zum Grundmodell

**Beim Grundmodell lernst du die wichtigsten Schritte, die nötig sind, eine Mütze zu häkeln.
Einmal geschafft, wird dich das Häkelfieber packen!**

Luftmaschen und Luftmaschenkette

1 Nimm ca. 20 cm Garn von deinem Knäuel und führe den Faden von hinten nach vorne zwischen Ringfinger und kleinem Finger hindurch.

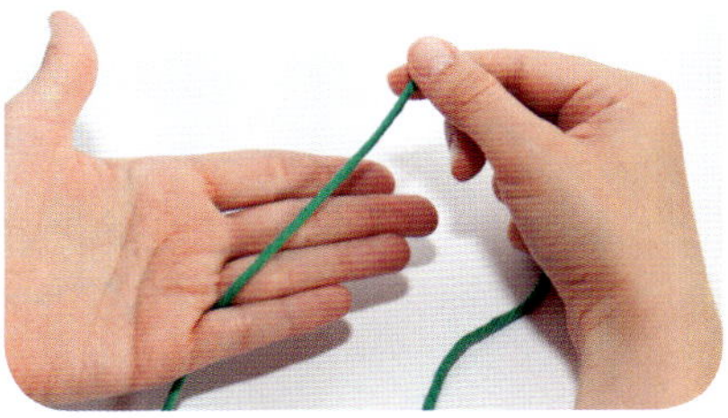

2 Wickle den Faden von vorne zweimal um deinen Zeigefinger.

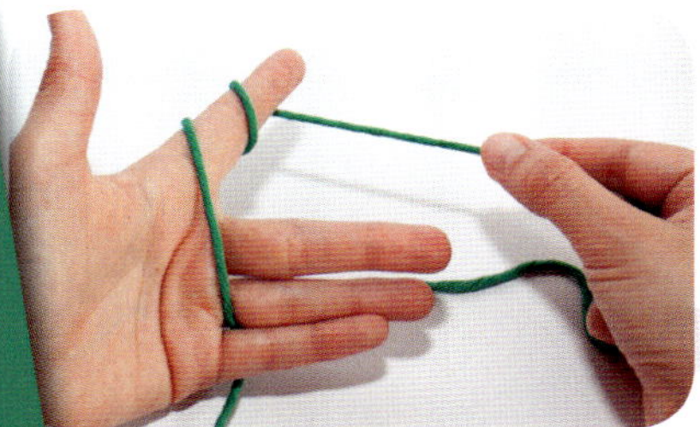

3 Klemm das Garn zwischen Mittelfinger und Daumen und bilde eine Schlaufe.

4 Stich mit deiner Häkelnadel von hinten in die Schlaufe ein.

Du benötigst: Schachenmayr original Boston Sun in Golfgrün (Fb 00070) | Häkelnadel Nr. 6–8 | Stopfnadel | Schere | Maßband

Wir präsentieren: Das Grundmodell – schlicht und schön, das dich nebenbei auch noch schön warm hält.

5 Hol nun den Arbeitsfaden durch die Schlaufe hindurch.

6 Fertig ist die erste Luftmasche! Diesen Schritt wiederholst du nun 5×.

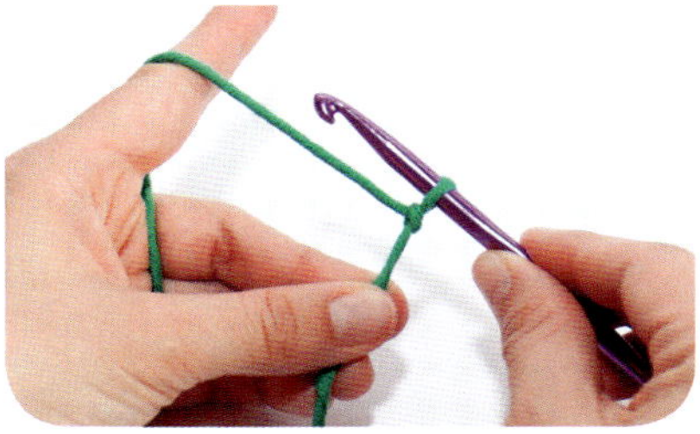

7 So sieht deine Luftmaschenkette nach 5 Luftmaschen aus. Versuche darauf zu achten, möglichst locker zu häkeln, sodass deine Maschen nicht zu eng werden.

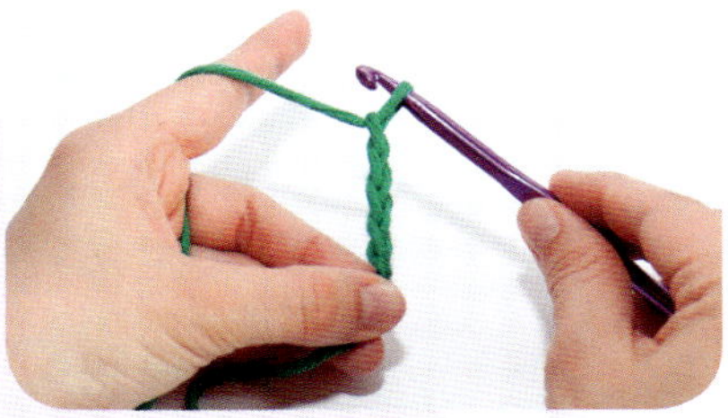

Der Anfangsring

1 Lege deine Luftmaschenkette zu einem „U" und stich mit der Häkelnadel in die Schlaufe der ersten Luftmasche ein.

2 Hol den Arbeitsfaden durch beide Schlaufen, die auf deiner Häkelnadel liegen, hindurch. Die beiden Luftmaschen hast du nun durch eine sogenannte Kettmasche miteinander verbunden und dein Anfangsring ist perfekt geschlossen.

Feste Maschen

1 In der ersten Runde häkelst du feste Maschen direkt in den Anfangsring. Stich mit der Häkelnadel in den Anfangsring.

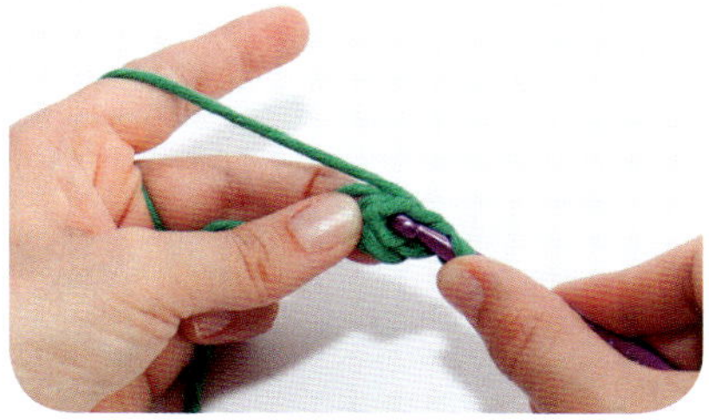

2 Hol nun den Arbeitsfaden von hinten durch den Ring.

3 Jetzt liegen 2 Schlaufen auf deiner Häkelnadel. Hol den Arbeitsfaden durch die beiden Schlaufen und deine erste feste Masche ist geschafft.

4 Wiederhole den Schritt 10×, sodass deine erste Runde aus 11 festen Maschen besteht.

5 Um die Runde richtig zu beenden, machst du wieder eine Kettmasche. Stich hierzu deine Häkelnadel durch den Maschenbogen der ersten Masche. Der Maschenbogen besteht immer aus zwei Schlaufen.

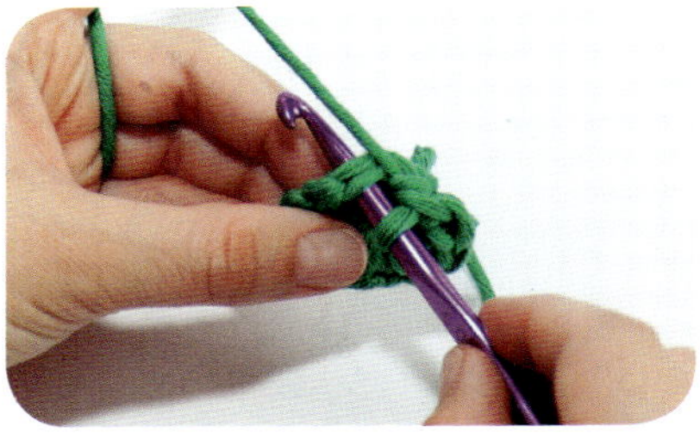

6 Hol den Arbeitsfaden durch die beiden Schlaufen des Maschenbogens und die Schlaufe auf deiner Häkelnadel hindurch und die Kettmasche ist geschafft. Diesen Schritt wiederholst du am Ende jeder Runde. Um den Anfang bzw. das Ende einer Runde zu markieren, legst du einen Faden in einer Kontrastfarbe zwischen die Kettmasche und das folgende halbe Stäbchen.

Halbe Stäbchen

1 Die nächsten Runden werden mit halben Stäbchen gehäkelt. Im Unterschied zur festen Masche, holst du für ein halbes Stäbchen zuerst den Arbeitsfaden, bevor du von vorn in den Maschenbogen stichst.

2 Stich von vorn in den ersten Maschenbogen. Hol den Faden von hinten durch den Maschenbogen nach vorne.

3 Jetzt liegen 3 Schlaufen auf deiner Häkelnadel.

4 Zum Schluss holst du den Arbeitsfaden durch die 3 Schlaufen hindurch und dein halbes Stäbchen ist fertig.

Maschen verdoppeln

Das Verdoppeln von Maschen, die sogenannte Maschenzunahme, ist beim Häkeln einer Mütze extrem wichtig. Ohne Maschenzunahmen würde dein Häkelteil eng wie eine Röhre werden, und wenn du zu viele Maschen zunimmst, flach wie ein Teller. Deswegen musst du beim Verdoppeln der Maschen aufmerksam mitzählen, damit deine Mütze am Ende auch deinen gewünschten Kopfumfang erreicht.

1 In Runde 2 geht es weiter mit halben Stäbchen. Verdopple dabei jede Masche, indem du in jeden Maschenbogen der Vorrunde 2 halbe Stäbchen häkelst.

2 In Runde 3 häkelst du weiter in halben Stäbchen und verdoppelst jede 2. Masche.

3 In Runde 4 häkelst du weiter in halben Stäbchen und verdoppelst jede 4. Masche.

Die eigene Mützengröße bestimmen

Größe XS (Kopfumfang 48–51 cm)
In Runde 5 verdoppelst du jede 6. Masche. Nach dieser Runde ist Größe XS erreicht und du kannst die restlichen Runden ohne Maschenzunahme weiterhäkeln, bis du die richtige Länge für dich erreicht hast (siehe „Die eigene Mützenlänge bestimmen“).

Größe S (Kopfumfang 52–54 cm)
In Runde 6 verdoppelst du jede 8. Masche. Nach dieser Runde ist Größe S erreicht und du kannst ohne weitere Maschenzunahme die restlichen Runden häkeln, bis du die richtige Länge für dich erreicht hast (siehe „Die eigene Mützenlänge bestimmen“).

Größe M (Kopfumfang 55–57 cm)
In Runde 7 verdoppelst du jede 10. Masche. Nach dieser Runde ist Größe M erreicht und du kannst die restlichen Runden ohne Maschenzunahme häkeln, bis die richtige Länge für dich erreicht ist (siehe „Die eigene Mützenlänge bestimmen“).

Größe L (Kopfumfang 58–60 cm)
In Runde 8 verdoppelst du jede 12. Masche. Nach dieser Runde ist Größe L erreicht und du kannst die restlichen Runden ohne Maschenzunahme häkeln, bis die richtige Länge für dich erreicht ist (siehe „Die eigene Mützenlänge bestimmen“).

Die eigene Mützenlänge bestimmen

Anhand dieser Tabelle kannst du die Länge bestimmen, die zu deiner Größe passt und die Anzahl an Runden, die dafür erforderlich ist:

Größe XS	15 Runden	19 cm Länge
Größe S	17 Runden	21 cm Länge
Größe M	18 Runden	22 cm Länge
Größe L	19 Runden	23 cm Länge

Da alle Köpfe verschieden sind, kannst du die Mütze zwischendurch auch einfach anprobieren und testen, wann die perfekte Länge erreicht ist.

Mützenabschluss

1 Wenn du bei deiner richtigen Mützenlänge angekommen bist, schließt du die Mütze mit einer Runde fester Maschen ab. Das gibt deiner Mütze eine schönere Form und besseren halt auf deinem Kopf.

2 Markiere die erste feste Masche der letzten Runde mit einem Faden in einer Kontrastfarbe oder einer Büroklammer, so kannst du genau erkennen, wo die letzte Runde aufhört.

3 Wenn du am Ende der Runde angekommen bist, schließt du diese wieder mit einer Kettmasche ab. Jetzt kannst du den Faden ca. 10 cm von der Häkelnadel entfernt abschneiden.

4 Ziehe die letzte Schlaufe auf der Häkelnadel lang, bis der Faden durchrutscht. So entsteht automatisch ein Knoten und die Mütze ist fertig.

5 Mithilfe der Stopfnadel vernähst du den Endfaden nun sorgfältig. Fädle dazu den Faden durch das Nadelöhr.

6 Den Faden vernähst du, indem du die Nadel einmal senkrecht und einmal waagerecht unter 2–3 Maschenbögen hindurchführst.

7 Schneide den restlichen Faden ab – und deine selbstgemachte Mütze ist fertig!

Das Grundmodell ist geschafft – auf zu neuen Mützenabenteuern! Farbwechsel (ab Seite 22), Longbeanies (ab Seite 12), Bommeln (ab Seite 32) und Schnurrbärte (ab Seite 66) warten auf dich.

Lässige Longbeanies

Lässige Longbeanies

Cool genug für dich?

Beim Grundmodell hast du Luftmaschen, den Anfangsring, halbe Stäbchen und feste Maschen kennengelernt. Hier erfährst du, wie du ganze Stäbchen häkelst, um eine Longbeanie anzufertigen.

1 Wie beim Grundmodell beginnst du mit 5 Luftmaschen, die du mithilfe einer Kettmasche zu einem Ring schließt. Häkle auch hier 11 feste Maschen in den Anfangsring.

Ganze Stäbchen

2 Die nächsten Runden werden in ganzen Stäbchen gehäkelt.

3 Lege einen Faden in einer Kontrastfarbe zwischen die Kettmasche und das folgende ganze Stäbchen, um den Rundenanfang zu markieren.

4 Für dein erstes ganzes Stäbchen holst du wie beim halben Stäbchen zuerst den Arbeitsfaden und stichst dann von vorn durch den nächsten Maschenbogen.

5 Hol den Arbeitsfaden wie beim halben Stäbchen von hinten nach vorne durch den Maschenbogen.

6 Nun hast du wie beim halben Stäbchen drei Schlaufen auf der Häkelnadel.

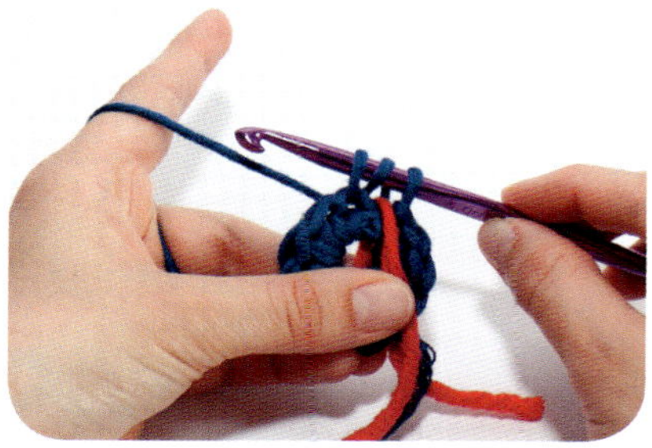

Du benötigst: Schachenmayr original Boston in Mosaikblau (Fb 00065) | Schachenmayr original Boston in Neongelb (Fb 00121) | Schachenmayr original Boston in Neon Pink (Fb 00136) | Häkelnadel Nr. 6–8

Eine leuchtende Longbeanie in schönen Neonfarben! Häkle pro Farbe immer zwei Runden. Wie du einen Farbwechsel machst, erfährst du ab Seite 24.

7 Im Unterschied zum halben Stäbchen holst du den Arbeitsfaden jetzt nur durch die ersten 2 Schlaufen hindurch.

8 Jetzt liegen 2 Schlaufen auf deiner Häkelnadel.

9 Hol den Arbeitsfaden durch die 2 entstandenen Schlaufen.

10 Und fertig ist das erste ganze Stäbchen von Runde 2.

11 Häkle die 2. Runde weiter in ganzen Stäbchen und verdopple dabei jede Masche.

12 Runde 3: Häkle weiter in ganzen Stäbchen und verdopple jede 2. Masche.

13 Runde 4: Häkle weiter in ganzen Stäbchen und verdopple jede 4. Masche.

Longbeanie in deiner Größe:

Größe XS (Kopfumfang 48–51 cm)
Runde 5: Häkle weiter in ganzen Stäbchen und verdopple jede 6. Masche. Passt dir eine Mütze in Größe XS, musst du nach dieser Runde keine Maschen mehr zunehmen.

Größe S (Kopfumfang 52–54 cm)
Runde 6: Häkle weiter in ganzen Stäbchen und verdopple jede 8. Masche. Passt dir eine Mütze in Größe S, musst du nach dieser Runde keine Maschen mehr zunehmen.

Größe M (Kopfumfang 55–57 cm)
Runde 7: Häkle weiter in ganzen Stäbchen und verdopple jede 10. Masche. Passt dir eine Mütze in Größe M, musst du nach dieser Runde keine Maschen mehr zunehmen.

Größe L (Kopfumfang 58–60 cm)
Runde 8: Häkle weiter in ganzen Stäbchen und verdopple jede 12. Masche. Passt dir eine Mütze in Größe L, musst du nach dieser Runde keine Maschen mehr zunehmen.

Du benötigst: Schachenmayr original Boston in Neon Grün (Fb 00171) | Schachenmayr original Boston in Royal (Fb 00151) | Schachenmayr original Boston in Natur (Fb 00002) | Häkelnadel Nr. 6–8

Die lässige Longbeanie: Häkle 2 Runden in Royal, 2 Runden in Neon Grün, 1 Runde in Natur, 2 Runden in Royal, 2 Runden in Neon Grün, 1 Runde in Natur, 2 Runden in Royal, 2 Runden in Neon Grün und 3 Runden in Natur.

Longbeanie in deiner Länge:

Anhand dieser Tabelle kannst du die passende Länge zu deiner Größe bestimmen und die Anzahl an Runden, die dafür erforderlich ist.

Größe XS	16 Runden	26 cm Länge
Größe S	17 Runden	27 cm Länge
Größe M	18 Runden	28 cm Länge
Größe L	19 Runden	29–30 cm Länge

Hast du die für dich passende Länge erreicht, häkelst du die letzte Runde wie beim Grundmodell in festen Maschen. Dann schneidest den Faden 10 cm von der Häkelnadel entfernt ab, ziehst die Schlaufe auf der Häkelnadel lang, bis der Faden durchrutscht und vernähst ihn sorgfältig.

Du benötigst: Schachenmayr original Boston Sun in Neon Grün (Fb 00072) | Schachenmayr original Boston Sun in Neon Orange (Fb 00025) | Schachenmayr original Boston Sun in Schwarz (Fb 00099) | Schachenmayr original Boston Sun in Royal (Fb 00052) | Häkelnadel Nr. 6–8

Einfach mal chillen: Mit dieser Longbeanie wird deine Pause besonders gemütlich! Häkle immer 2 Runden in einer knalligen Farbe und anschließend eine Reihe in Schwarz. Zu dieser Mütze würde auch eine Bommel richtig gut passen.

Du benötigst: Schachenmayr original Boston Sun in Golfgrün (Fb 00070) | Schachenmayr original Boston Sun in Royal (Fb 00052) | Schachenmayr original Boston Sun in Weiß (Fb 00001) | Häkelnadel Nr. 6–8

Woody die Waldmütze: Häkle 8 Runden in Golfgrün, 2 Runden in Royal, 1 Runde in Weiß, 2 Runden in Royal, 1 Runde in Golfgrün, 1 Runde in Weiß, 1 Runde in Golfgrün, 2 Runden in Royal, 1 Runde in Weiß, 1 Runde in Royal und 3 Runden in Golfgrün.

Du benötigst: Schachenmayr original Boston Sun in Azalee (Fb 00037) | Schachenmayr original Boston Sun in Neon Orange (Fb 00025) | Schachenmayr original Boston Sun in Royal (Fb 00052) | Schachenmayr original Boston Sun in Weiß (Fb 00001) | Häkelnadel Nr. 6–8

Die perfekte Longbeanie für sportliche Schneehasen: Häkle 2 Runden in Neon Orange, 2 Runden in Azalee, 3 Runden in Royal, 1 Runde in Azalee, 2 Runden in Neon Orange, 1 Runde in Azalee, 3 Runden in Royal, 1 Runde in Azalee und 2 Runden in Weiß.

Farbwechsel kinderleicht

Farbwechsel kinderleicht

Jetzt wird's bunt!

1 Beende deine Runde in Farbe 1 wie beim Grundmodell mit einer Kettmasche. Jetzt nimmst du mit der linken Hand Farbe 2 auf, indem du den Faden um deinen Zeigefinger legst und das Fadenende locker herunter hängen lässt.

2 Nun holst du den Arbeitsfaden von Farbe 2 durch die Schlaufe in Farbe 1 auf deiner Häkelnadel.

3 Zieh den Arbeitsfaden von Farbe 1 fest an, damit sich die Schlaufe schließt.

4 Schneide den Faden von Farbe 1 10 cm vom Häkelstück entfernt ab. Du hast Farbe 2 als Schlaufe auf der Häkelnadel. Stich von vorn durch das sich direkt unter der Schlaufe befindliche Maschenloch und hol den Arbeitsfaden von hinten nach vorne durch. Jetzt hast du zwei Schlaufen auf der Häkelnadel. Hol den Arbeitsfaden durch die beiden Schlaufen durch und du hast eine feste Masche gehäkelt.

Du benötigst: Schachenmayr original Boston Sun in Neon Orange (Fb 00025) | Schachenmayr original Boston Sun in Schwarz (Fb 00099) | Schachenmayr original Boston Sun in Aqua (Fb 00051) | Schachenmayr original Boston Sun in Neon Grün (Fb 00072) | Schachenmayr original Boston Sun in Pink (Fb 00036) | Häkelnadel Nr. 6–8

Ringeltingel! Häkle 3 Runden pro Farbe. Vor jedem Farbwechsel häkelst du 1 Runde in Schwarz.

5 Jetzt kannst du wie beim Grundmodell in Farbe 2 deine Runde mit halben Stäbchen weiterhäkeln. Bei den ersten 6 Maschen kannst du das abgeschnittene Fadenende von Farbe 1 mitlaufen lassen, so musst du die Fadenenden später nicht mehr vernähen. Bist du am Rundenende angekommen, machst du wieder eine Kettmasche.

6 Möchtest du Runde um Runde die Farbe wechseln, um ein tolles Streifenmuster zu erhalten, nimmst du wieder den Wollgarn von Farbe 1 zur Hand und holst das Fadenende durch die Schlaufe in Farbe 2 auf deiner Häkelnadel. Wiederhole die Schritte 2–4 und du hast einen „nahtlosen" Farbwechsel geschafft.

7 Wenn deine Mütze fertig ist, vernähst du das letzte Fadenende sorgfältig mithilfe einer Stopfnadel. Stülpe dabei deine Mütze von innen nach außen.

8 Jetzt kannst du die überschüssigen Fäden, die beim Farbwechsels entstanden sind, abschneiden.

9 Zum Schluss ziehst du den Faden des Anfangsrings fest an, verknotest ihn und schneidest ihn ab. Wenn du eine Bommel an deiner Mütze anbringen möchtest, lässt du den Anfangsfaden einfach herunterhängen.

Du benötigst: Schachenmayr original Boston Sun in Weiß (Fb 00001 | Schachenmayr original Boston Sun in Pink (Fb 00036) | Schachenmayr original Boston Sun in Neon Orange (Fb 00025) | Häkelnadel Nr. 6–8

Die gute Laune Mütze! Häkle 3 Runden in Weiß, 3 Runden in Pink, 6 Runden in Neon-Orange, 3 Runden in Pink und 2 Runden in Weiß.

Du benötigst: Schachenmayr original Boston Sun in Royal (Fb 00052) | Schachenmayr original Boston Sun in Golfgrün (Fb 00070) | Schachenmayr original Boston Sun in Sonne (Fb 00020) | Schachenmayr original Boston Sun in Rot (Fb 00030) | Häkelnadel Nr. 6–8

Farbgewitter! Häkle 2 Runden in Royal, dann je 1 Runde in Golfgrün, Sonne und Rot, darauf folgen 4 Runden in Royal. Jetzt wiederholst du das Ganze. Die beiden letzten Runden häkelst du in Rot.

Du benötigst: Schachenmayr original Boston Sun in Aqua (Fb 00051) | Schachenmayr original Boston Sun in Pink (Fb 00036) | Schachenmayr original Boston Sun in Sonne (Fb 00020) | Häkelnadel Nr. 6–8

Eine kuschelige Mütze in sonnigen Farben! Häkle immer abwechselnd 3 Runden in Aqua und 3 Runden in Pink. Schließe die Mütze mit zwei Runden in Sonne ab.

Du benötigst: Schachenmayr original Boston in Neon Grün (Fb 00171) | Schachenmayr original Boston in Mosaikblau (Fb 00065) | Häkelnadel Nr. 6–8

Wir von PotatoHat nennen diese Beanie „Surfer Dude", weil sie einfach lässig und cool ist! Häkle immer 2 Runden pro Farbe.

Du benötigst: Schachenmayr original Boston Sun in Leinen (Fb 00005) | Schachenmayr original Boston Sun in Neon Orange (Fb 00025) | Häkelnadel Nr. 6–8

Juicy Orange! Häkle immer 2 Runden pro Farbe und schließe die Mütze mit 3 Runden in Orange ab.

Bommeln anfertigen

Bommelmützen

So erkennt man dich schon von weitem!

1 Um eine Bommel anfertigen zu können, benötigst du zwei gleich große Ringe aus Pappe. Zeichne mit dem Zirkel zwei Kreise auf, die im Durchmesser deiner späteren Bommel entsprechen. Hast du keinen Zirkel zur Hand, kannst du einen Becher oder ein Glas als Schablone benutzen.

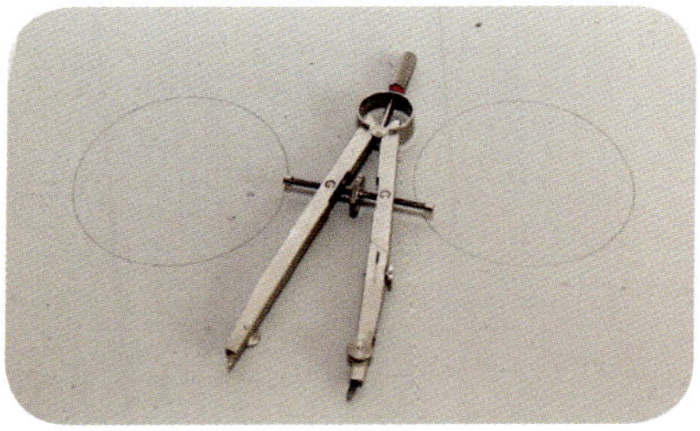

2 Zeichne ins Innere der Kreise jeweils einen kleineren Kreis. Dieser sollte einen Abstand von 1,5 cm zum äußeren Kreis haben.

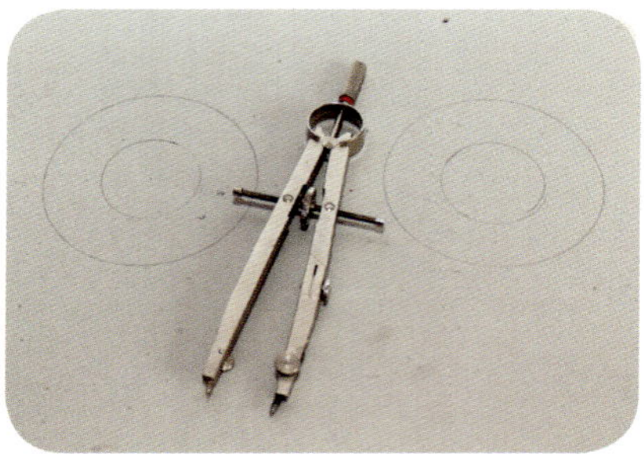

3 Schneide die beiden Ringe am äußeren Rand entlang aus.

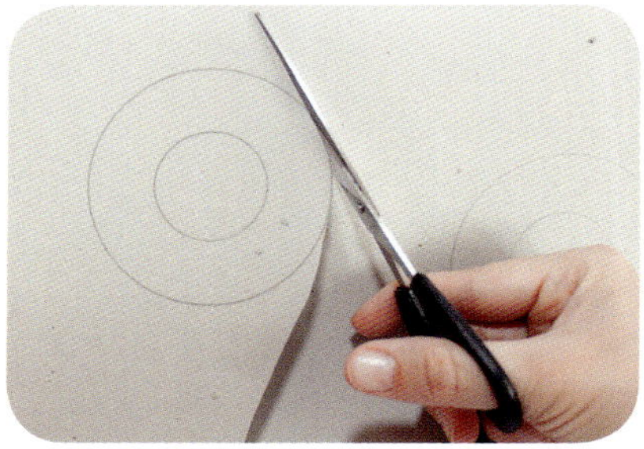

4 Falte die Pappkreise in der Mitte und schneide den inneren Kreis aus, sodass du zwei Pappringe hast.

5 Leg deine beiden Pappkreise übereinander.

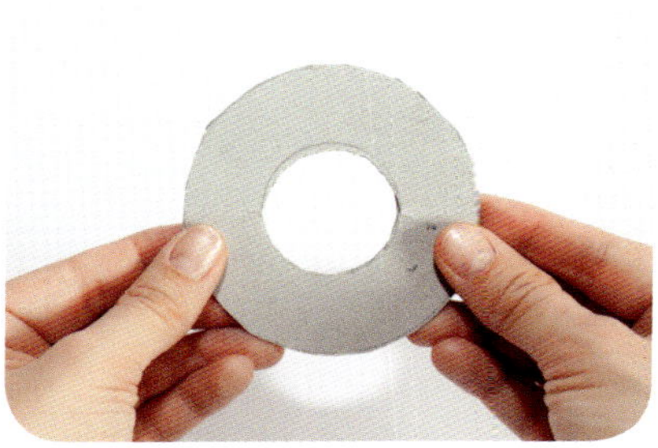

6 Wickle von deinem Wollknäuel Wolle ab, sodass ein kleineres Knäuel entsteht, dass durch das Innere deiner Pappkreise hindurch passt.

Du benötigst: Schachenmayr original Boston Sun in Leinen (Fb 00005) | Schachenmayr original Boston Sun in Neon Grün (Fb 00072) | Schachenmayr original Boston Sun in Golfgrün (Fb 00070) | Häkelnadel Nr. 6–8

Go green! 6 Runden in Leinen, 4 Runden in Neon-Grün, 1 Runde in Golfgrün, 2 Runden in Neon-Grün, 1 Runde in Golfgrün, 1 Runde in Neon-Grün, 2 Runden in Leinen. Die Bommel wickelst du in Golfgrün.

7 Wickle das Wollgarn gleichmäßig um die Pappringe herum. Den Fadenbeginn wickelst du gleich mit ein, so ist er gesichert.

8 Wickle ungefähr fünf Schichten Wollgarn um die Ringe, sodass du einen schönen dicken Wollring erhältst.

9 Schneide die Fäden am Rand des Rings rundherum auf. Die Scherenblätter befinden sich dabei zwischen den beiden Pappringen.

10 So sieht die Bommel nach dem Aufschneiden der Fäden aus.

11 Schneide von deinem Wollknäuel einen 40 cm langen Faden ab. Diesen legst du zwischen die beiden Pappringe.

12 Verknote die beiden Fadenenden und ziehe die beiden Enden dabei schön straff. Mach zur Sicherheit noch zwei weitere Knoten, sodass die Fäden in der Mitte der Bommel sicher zusammengehalten werden.

13 Schneide nun die Pappringe auf.

14 Ziehe die Pappringe auseinander und entferne sie aus der Bommel.

15 Wuschle deine Bommel mit der Hand etwas in Form.

Du benötigst: Schachenmayr original Boston Sun in Tinte (Fb 00050) | Schachenmayr original Boston Sun in Neon Orange (Fb 00025) | Schachenmayr original Boston Sun in Rot (Fb 00030) | Schachenmayr original Boston Sun in Sonne (Fb 00020) | Häkelnadel Nr. 6–8

Bommelalarm! Häkle 4 Runden pro Farbe und schließe die Mütze mit 2 Runden in Tinte ab.

16 Mithilfe der Schere kannst du deine Bommel noch etwas nachfrisieren. Schneide überstehende Fäden ab, sodass die Bommel schön gleichmäßig aussieht. Die Enden des verknoteten Fadens in der Mitte der Bommel lässt du hängen, da du sie zur Befestigung an der Mütze benötigst.

So kommt die Bommel an die Mütze

1 Fädle die beiden Fadenenden aus der Bommel in eine Stopfnadel ein.

2 Stich mit der Nadel durch den Anfangsring deiner Mütze und ziehe die beiden Fäden hindurch.

3 Nun kommt der Faden des Anfangsrings zum Einsatz. Ziehe ihn fest an, damit sich der Anfangsring schön schließt und verknote ihn mit den beiden Fäden der Bommel im Innern der Mütze. Ziehe die Bommel dabei sehr fest an die Mütze heran, sodass sie richtig gut auf der Mütze sitzt. Schneide nun die überstehenden Fäden auf 2 cm zurück, fertig!

Du benötigst: Schachenmayr original Boston Sun in Aqua (Fb 00051) | Schachenmayr original Boston Sun in Weiß (Fb 00001) | Schachenmayr original Boston Sun in Neon Orange (Fb 00025) | Trachtenknopf | Häkelnadel Nr. 6–8

Wiesn Gaudi! Häkle pro Farbe 3 Runden und schließe die Mütze mit 2 Runden in Neon Orange ab. Zum Schluss kannst du die Mütze noch mit einer Bommel in Neon Orange und einem Trachtenknopf aufhübschen.

Du benötigst: Schachenmayr original Boston Sun in Royal (Fb 00052) | Schachenmayr original Boston Sun in Rot (Fb 00030) | Schachenmayr original Boston Sun in Neon Orange (Fb 00025) | Schachenmayr original Boston Sun in Leinen (Fb 00005) | Häkelnadel Nr. 6–8

Die ultimative Schneehaube! Häkle 3 Runden pro Farbe und schließe die Mütze mit 2 Runden in Royal ab.

Du benötigst: Schachenmayr original Boston Sun in Cyclam (Fb 00034) | Schachenmayr original Boston Sun in Royal (Fb 00052) | Häkelnadel Nr. 6–8

Mit dieser Mütze kannst du nicht nur auf Bäume klettern, sondern auch Spielplätze, Skipisten und Schlittenberge erobern! Häkle die ersten 8 Runden in Cyclam. Danach wechseln sich die beiden Farben Cyclam und Royal pro Runde ab.

Stylische Ohrenklappen

Stylische Ohrenklappen

Jetzt gibt's was auf die Löffel!

1 Häkle deine Mütze wie beim Grundmodell beschrieben. Hier beendest du die Mütze allerdings nicht mit einer Reihe fester Maschen, sondern mit halben Stäbchen und einer Kettmasche zum Rundenende.

2 Du beginnst mit der rechten Ohrenklappe. Zähle hierfür vom Rundenabschluss aus 6 Maschen nach links.

3 Wickle etwas Faden vom Wollknäuel ab, lege ihn um deinen Zeigefinger und klemme den Fadenbeginn mit Mittelfinger und Daumen an den Mützenrand.

4 Stich mit der Häkelnadel von außen in den Bogen der 6. Masche und hol den Faden hindurch.

5 Hol den Arbeitsfaden nun durch die Schlaufe auf deiner Häkelnadel und du hast den Faden mit einer Luftmasche an deiner Mütze befestigt.

6 Häkle 10 halbe Stäbchen und eine Wendeluftmasche.

7 Jetzt drehst du deine Mütze um, sodass die Innenseite vor dir liegt.

8 Häkle 8 halbe Stäbchen. Überspringe dabei den 1. Maschenbogen und häkle das 1. halbe Stäbchen in den 2. Maschenbogen der Reihe zuvor.

9 So sieht deine Ohrenklappe nach der 2. Reihe aus.

10 3. Reihe: Mach eine Wendeluftmasche, wende deine Mütze, überspringe den 1. Maschenbogen und häkle ab dem 2. Maschenbogen 6 halbe Stäbchen.

11 4. Reihe: Mach eine Wendeluftmasche, wende deine Mütze, überspringe wieder den 1. Maschenbogen und häkle ab dem 2. Maschenbogen 4 halbe Stäbchen.

12 5. Reihe: Mach eine Wendeluftmasche, wende deine Mütze, überspringe den 1. Maschenbogen und häkle 2 halbe Stäbchen ab dem 2. Maschenbogen.

13 Schneide den Faden 10 cm von der Häkelnadel entfernt ab und ziehe die Schlaufe auf der Häkelnadel lang, bis der Faden durchrutscht. Fertig ist die rechte Ohrenklappe! Den Endfaden kannst du einfach hängen lassen.

14 Jetzt ist die linke Ohrenklappe an der Reihe. Leg die Mütze so vor dich hin, dass sich die bereits gehäkelte Ohrenklappe auf der rechten Seite befindet. Zähle vom Rundenabschluss aus 6 Maschen nach links und wiederhole Schritt 3–13. Beim Beginn der linken Ohrenklappe zeigt die Mütze mit der Außenseite zu dir.

15 Wenn beide Ohrenklappen fertig sind, hängen 3 Endfäden von deiner Mütze herab. Diese kannst du zu einer letzten Runde fester Maschen verhäkeln.

16 Du beginnst die letzte Runde fester Maschen vor der letzten Kettmasche der Vorrunde.

17 Klemm einen neuen Arbeitsfaden mit Daumen und Zeigefinger an den Mützenrand. Stich mit der Häkelnadel von außen durch den ersten Maschenbogen der Runde und hol den Faden hindurch.

18 Hol den Arbeitsfaden durch die Schlaufe auf deiner Häkelnadel und du hast den Faden mit einer Luftmasche an deiner Mütze befestigt. Jetzt kannst du die Runde mit festen Maschen weiterhäkeln. Die herunterhängenden Endfäden werden dabei mitverhäkelt.

19 Damit sich deine Ohrenklappen nicht wellen, häkelst du am Rand der Ohrenklappen immer 2 feste Maschen in einen Maschenbogen.

20 Beachte dabei, dass der Rand der Ohrenklappen nicht aus „normalen“ Maschenbögen besteht. Stich mit der Häkelnadel in die vorhandenen Maschenlöcher und achte dabei darauf, dass zwischen deiner Häkelnadel und dem Rand der Ohrenklappe zwei Fäden liegen und du in regelmäßigen Abständen einstichst.

21 Wenn du einmal ganz um deine Mütze herum gehäkelt hast, beendest du die Runde mit einer Kettmasche, schneidest den Faden 10 cm von der Häkelnadel entfernt ab und ziehst die Schlaufe auf der Häkelnadel lang, bis der Faden durchrutscht.

22 Vernähe mithilfe der Stopfnadel den Faden sorgfältig.

23 Fertig ist deine Mütze mit schicken Ohrenklappen!

Du benötigst: Schachenmayr original Boston Sun in Cyclam (Fb 00034) | Schachenmayr original Boston Sun in Tinte (Fb 00050) | Schachenmayr original Boston Sun in Weiß (Fb 00001) | Häkelnadel Nr. 6–8

Nie mehr kalte Ohren! 6 Runden in Cyclam, 2 Runden in Tinte, 4 Runden in Weiß, 2 Runden in Tinte, 2 Runden in Cyclam. Jetzt sind die Ohrenklappen in Cyclam an der Reihe. Schließe die Mütze mit 1 Runde in Cyclam ab. Wie du dir Zöpfe für die Ohrenklappen anfertigst, erfährst du ab Seite 48.

Ohrenklappen

mit Zöpfen

1 Ohrenklappen kannst du auch wunderbar mit Zöpfen verschönern. Schneide von Wollgarnen in drei verschiedenen Farben je zwei Fäden in einer Länge von 60 cm ab.

2 Fädle die ersten beiden Fäden einer Farbe in eine Stopfnadel ein.

3 Ziehe die Fadenenden mithilfe der Stopfnadel durch die Mitte der letzten Reihe deiner Ohrenklappe, sodass alle Enden gleich lang herunterhängen.

4 Wiederhole diesen Schritt auch mit den beiden anderen Farben.

5 Von jeder Farbe liegen nun je vier Fäden vor dir.

6 Flicht einen Zopf aus den Fadensträngen der drei Farben. Dieser sollte am Ende ca. 15 cm lang sein.

7 Mach in das Zopfende zwei doppelte Knoten. Dafür nimmst du die Stränge zwei deiner Farben z. B. Rot und Weiß und verknotest diese miteinander. Für den zweiten Knoten verknotest du z. B. Grau und Weiß.

8 Schneide die Fadenenden auf ca. 3 cm zurück. Wiederhole Schritt 2–8 für den Zopf an der zweiten Ohrenklappe und fertig sind deine Ohrenklappen mit Zöpfen!

Du benötigst: Schachenmayr original Boston Sun in Neon Orange (Fb 00025) | Schachenmayr original Boston Sun in Pink (Fb 00036) | Schachenmayr original Boston Sun in Royal (Fb 00052) | Schachenmayr original Boston Sun in Aqua (00051)

Ohrenwärmer deluxe! 6 Runden in Weiß, 1 Runde in Neon-Orange, 2 Runden in Pink, 2 Runden in Royal, 3 Runden in Aqua. Die Ohrenklappen häkelst du in Aqua. Schließe die Mütze mit 1 Runde in Weiß ab. Die Zöpfe fertigst du in den knalligsten Farben!

Mützen – Freestyle!

Funky Monkey!

Einzigartige Affenmütze

Der Affenmund

1 Häkle das Mützen-Grundmodell mit Farbwechsel. Dafür arbeitest du die ersten 5 Runden in Weiß, die 6. Runde in Rot und die restlichen Runden in Grau. Zum Schluss fügst du noch Ohrenklappen in Grau hinzu.

2 Als Nächstes häkelst du den Mund des Affen in Rot. Beginne mit einer Luftmaschenkette aus 11 Luftmaschen.

3 Umhäkle die Luftmaschenkette mit festen Maschen. Für die 1. feste Masche stichst du mit der Häkelnadel in den 1. Maschenbogen der Luftmaschenkette.

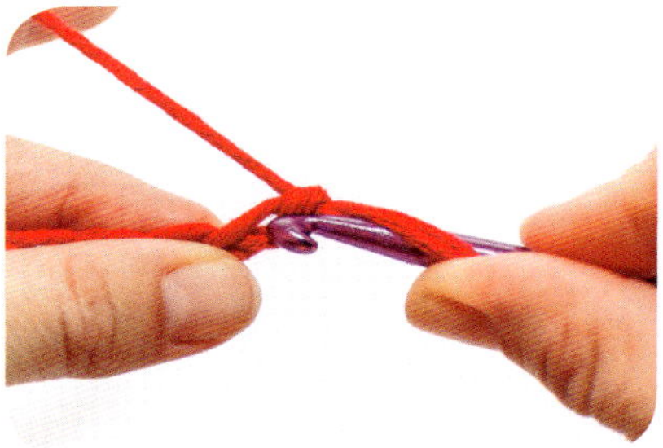

4 Häkle in den gleichen Maschenbogen noch eine 2. feste Masche. Du verdoppelst die Maschen nur an den beiden Enden der Luftmaschekette, damit der Mund schön gerade bleibt und sich nicht verformt.

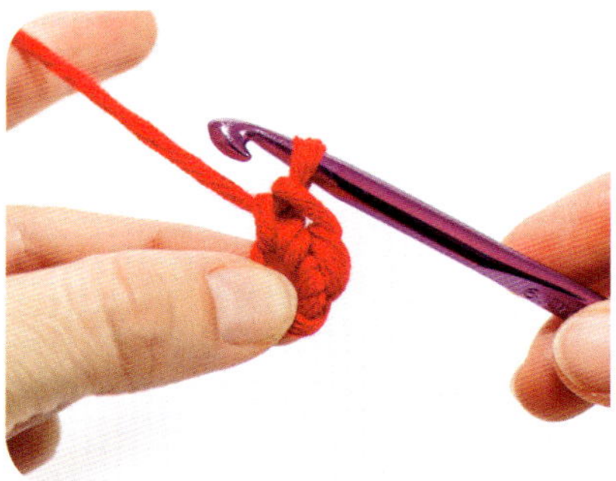

5 So sieht der Mund aus, wenn du einmal um die Luftmaschenkette mit festen Maschen herum gehäkelt hast.

6 Schließe die Reihe mit einer Kettmasche ab.

Du benötigst: Schachenmayr original Boston Sun in Weiß (Fb 00001) | Schachenmayr original Boston Sun in Grau meliert (Fb 00092) | Schachenmayr original Boston Sun in Rot (Fb 00030) | 2 Knöpfe in Schwarz mit vier Löchern | Häkelnadel Nr. 6–8

Nimm zwei unterschiedlich große Knöpfe als Augen, so sieht deine Affenmütze noch funkier aus!

7 Klemme einen 20 cm langen Garnfaden in Weiß mit Daumen und Mittelfinger hinter dein Häkelstück. Stich mit der Häkelnadel von vorn in den 1. Maschenbogen nach der Kettmasche und hol den Faden in Weiß hindurch. Hol den Faden durch die Schlaufe, die sich jetzt auf deiner Häkelnadel befindet.

8 Häkle nun ringsherum feste Maschen in Weiß. Dabei verdoppelst du jede 2. feste Masche, damit sich der Mund nicht verformt.

9 Schließe die Reihe mit einer Kettmasche ab. Jetzt schneidest du den Faden 10 cm von der Häkelnadel entfernt ab, ziehst die Schlaufe auf der Häkelnadel lang, bis der Faden durchrutscht und der Affenmund ist fertig!

10 Vernähe den Faden sorgfältig mithilfe der Stopfnadel.

11 Nähe den Mund an die Mütze. Dafür brauchst du 60 cm Nähgarn. Nimm es doppelt und fädle ein Ende in eine Nähnadel ein, in das andere Ende machst du einen dicken Knoten.

12 Stich zuerst durch die Mütze und dann durch den weißen Rand des Mundes hindurch. Nähe mit einfachen Handstichen einmal um den ganzen Mund herum, indem du immer abwechselnd durch Mütze und Mund stichst.

13 Nähe immer am Rand des Mundes entlang und ziehe den Mund dabei gerade, damit er schön glatt liegt und keine Wellen schlägt.

14 Wenn du einmal rundherum genäht hast, verknotest du den Faden mehrmals und schneidest ihn ab.

Affenmütze Augen

1 Für die Augen benötigst du zwei Knöpfe in Schwarz mit jeweils vier Löchern. Zum Annähen der Knöpfe brauchst du 40 cm vom weißen Wollgarn. Nimm es doppelt und fädle ein Ende in die Stopfnadel ein. Ins andere Ende machst du einen Knoten.

2 Leg den ersten Knopf in die richtige Position. Halte ihn fest und stich mit der Nähnadel von innen durch die Mütze und das erste Knopfloch hindurch.

3 Jetzt stichst du von außen in das Loch schräg gegenüber.

4 Stich im nächsten Schritt von innen durch die Mütze hindurch und in das nächste freie Loch. Von oben stichst du wieder in das schräg gegenüber liegende Loch ein, sodass ein genähtes Kreuz entsteht.

5 Wiederhole die letzten Schritte so oft, bis dein Knopf schön fest sitzt.

6 Damit der Knopf auch richtig hält, verknotest du die beiden Fadenenden im Innern der Mütze miteinander.

7 Nähe auf die gleiche Weise den zweiten Knopf an.

8 Fertig ist deine Mütze im Funky-Monkey-Style!

Süße Eulenmütze

Hat alles im Blick!

1 Häkle das Mützen-Grundmodell mit Ohrenklappen. Die ersten 10 Runden arbeitest du in Pink, die restlichen 5 Runden in Gelb.

Eulenaugen

1 Nun kommen die Eulenaugen an die Reihe. Häkle mit dem Wollgarn in Schwarz eine Luftmaschenkette aus 5 Luftmaschen.

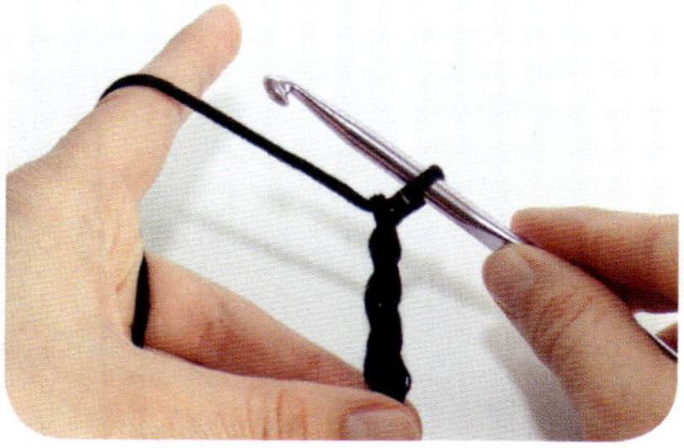

2 Wie beim Anfangsring der Mütze stichst du mit der Häkelnadel von vorn in die Schlaufe der 1. Luftmasche, holst den Arbeitsfaden durch und schließt den Ring mit einer Kettmasche.

3 Häkle 11 feste Maschen in den Anfangsring.

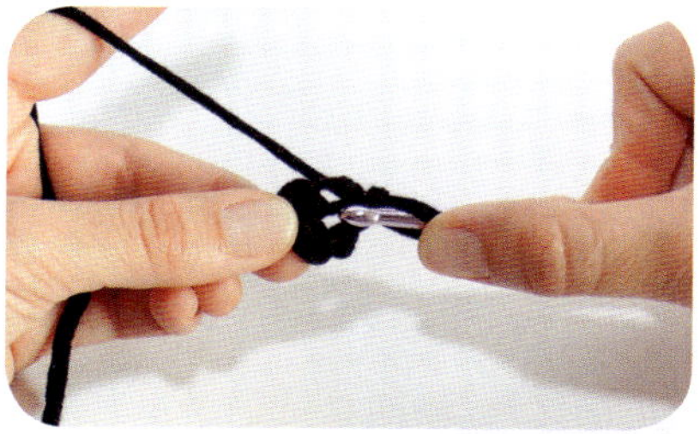

4 Versuche beim Häkeln der festen Maschen den Anfangsfaden mitzuverarbeiten ...

5 ... auf diese Weise kannst du den Ring zum Schluss richtig fest schließen.

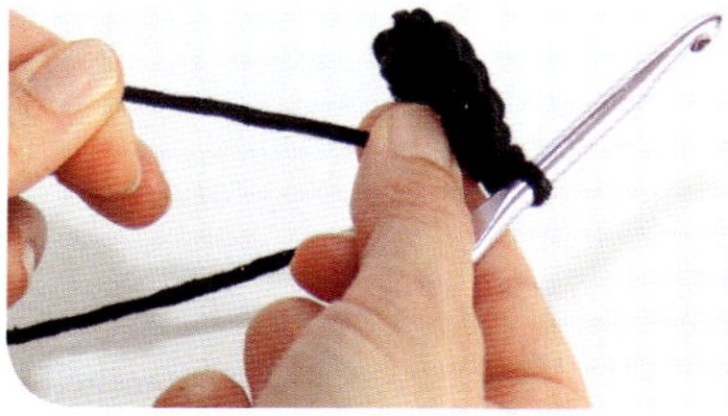

6 Wenn du 11 feste Maschen gehäkelt hast, schließt du die Runde mit einer Kettmasche ab.

Du benötigst: Schachenmayr original Boston Sun in Lavendel (Fb 00048 | Schachenmayr original Boston Sun in Cyclam (Fb 00035) | Schachenmayr original Boston Sun in Neon Orange (Fb 00025) | Schachenmayr original Boston Sun in Weiß (Fb 00001) | Schachenmayr original Boston Sun in Aqua (00051) | Häkelnadel Nr. 6–8

Arbeite die ersten 10 Runden in Lavendel und die letzten 5 Runden sowie die Ohrenklappen in Cyclam. Die letzte Runde häkelst du in Lavendel. Um die Pupillen herum erhält die Eule noch eine Runde in Aqua. Mit Zöpfen sieht die Mütze besonders niedlich aus.

7 Mach einen Farbwechsel, indem du mit dem Wollgarn in Weiß weiterarbeitest. Hol dafür mit der Häkelnadel den neuen Arbeitsfaden in Weiß durch die Schlaufe in Schwarz, die sich auf deiner Häkelnadel befindet.

8 Straffe den Arbeitsfaden in Schwarz, damit der Faden in Weiß gut auf der „Eulen-Pupille“ befestigt ist.

9 Häkle weiter in halben Stäbchen.

10 Damit das Eulenauge schön flach wird, verdoppelst du jedes halbe Stäbchen. Häkle also 2 halbe Stäbchen in jeden Maschenbogen.

11 Wenn du diese Runde beendet hast, häkelst du eine weitere halbe Runde, um dem Auge eine schöne Form zu geben.

12 Verdopple bei dieser halben Runde jede 2. Masche, d. h. du häkelst 11 halbe Stäbchen.

13 Schließe auch diese halbe Runde mit einer Kettmasche ab, indem du den Arbeitsfaden durch den nächsten Maschenbogen der Vorrunde holst. Schneide den Faden 10 cm von der Häkelnadel entfernt ab und ziehe die Schlaufe auf der Häkelnadel lang, bis der Faden durchrutscht.

14 Verknote die Anfangs- und Endfäden der beiden Farben auf der Rückseite des Eulenauges miteinander und fertig! Wiederhole für das zweite Auge die Schritte 1–14.

Eulenschnabel

1 Deine Eule braucht noch einen schönen Schnabel. Schlage dafür 6 Luftmaschen in Neon Orange an.

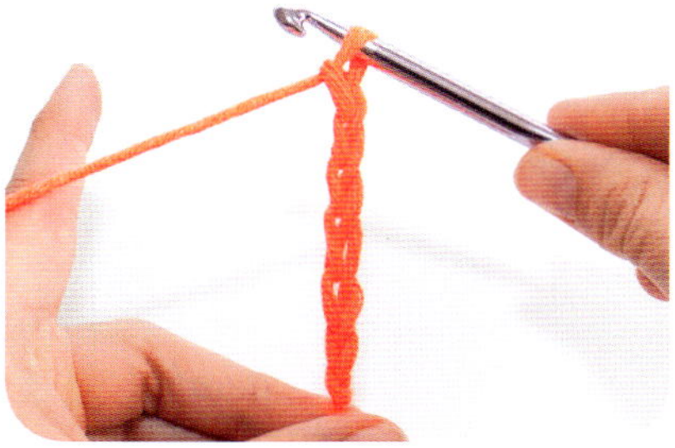

2 In die erste Reihe des Schnabels häkelst du 5 feste Maschen. Beginne die 1. Masche, indem du die Luftmaschenkette waagerecht hältst, mit der Häkelnadel in die 1. Luftmasche stichst und den Arbeitsfaden durchholst. Jetzt holst du den Arbeitsfaden durch die beiden Schlaufen, die sich auf deiner Häkelnadel befinden. Häkle auf diese Weise 5 feste Maschen.

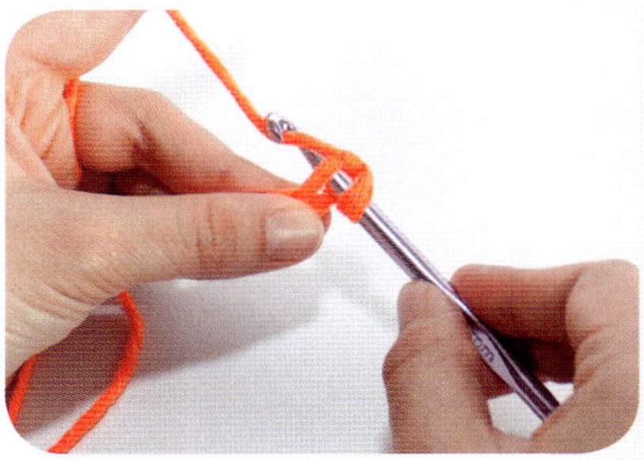

3 Mach eine Wendeluftmasche, wende das Häkelstück und häkle 4 halbe Stäbchen.

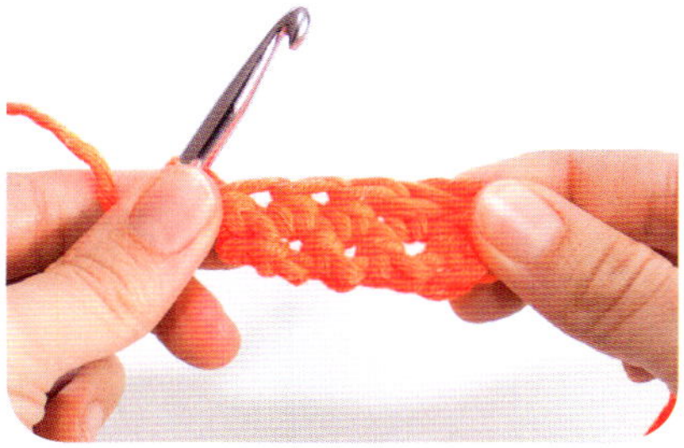

4 Mach eine Wendeluftmasche, wende das Häkelstück und häkle 2 halbe Stäbchen.

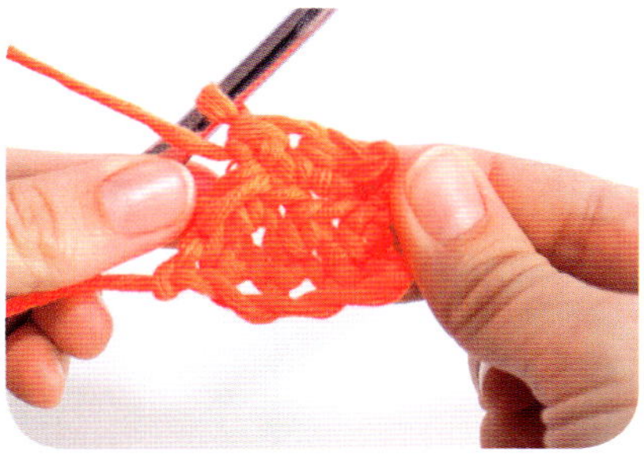

5 Mach eine Wendeluftmasche, wende das Häkelstück wieder und häkle 1 halbes Stäbchen. Schneide den Faden 10 cm von der Häkelnadel entfernt ab und ziehe die Schlaufe lang, bis das Fadenende durchrutscht.

6 Anfangs- und Endfaden verknotest du auf der Rückseite des Schnabels miteinander, fertig!

Annähen von Augen und Schnabel

1 Zum Annähen von Augen und Schnabel benötigst du Wollgarn in Weiß und Orange sowie eine Stopfnadel.

2 Beginne mit einem der Augen. Fädle ein Ende des weißen Wollgarns (ca. 30 cm Länge) in die Stopfnadel ein und mach in das andere Ende einen Knoten. Stich mit der Stopfnadel vom Innern der Mütze aus nach außen durch die Mütze und einen Maschenbogen des Auges. Der Anfangsfaden sollte beim Nähen 10 cm lang herunterhängen.

3 Nähe das Auge mit einfachen Handstichen an. Dafür stichst du jetzt immer abwechselnd einmal von außen in den nächsten Maschenbogen des Eulenauges und die Mütze hindurch und einmal vom Innern der Mütze aus durch Mütze und Auge hindurch. Auf diese Weise nähst du einmal rundherum das Eulenauge an.

4 Wenn du am Ende der Runde angekommen bist, stichst du noch einmal von außen nach innen, sodass sich das Fadenende im Innern der Mütze befindet.

5 Verknote Anfangs- und Endfaden im Innern der Mütze mit einem doppelten Knoten.

6 Nähe auf die gleiche Weise das zweite Eulenauge an.

7 Zum Schluss kannst du die beiden Augen mit ein paar Nähstichen miteinander verbinden.

8 Nähe mit dem Wollgarn in Orange noch den Schnabel auf und fertig ist das Eulengesicht.

Eulenohren

1 Bastle deiner Eule auch noch lustige Ohren! Schneide hierzu sechs Fäden mit jeweils 20 cm Länge zurecht. Ziehe immer zwei Fäden mithilfe einer Stopfnadel durch eine Masche am linken Rand der Mütze hindurch.

2 Wiederhole das Ganze für das rechte Eulenohr.

3 Mach einen Knoten in beide Eulenohren.

4 Schneide die Fäden noch etwas zurecht und fertig ist deine Eulenmütze!

Zöpfe für die Ohrenklappen

Wie du deine Eulenmütze zusätzlich mit Zöpfen aufhübschen kannst, erfährst du auf Seite 48.

Knopfsache

Wie der Knopf an die Mütze kommt

1 Leg den Knopf oder die Knöpfe, die du gerne annähen möchtest, auf die gewünschte Position an deiner Mütze.

2 Fädle 40 cm langes Nähgarn durch das Nadelöhr einer Nähnadel.

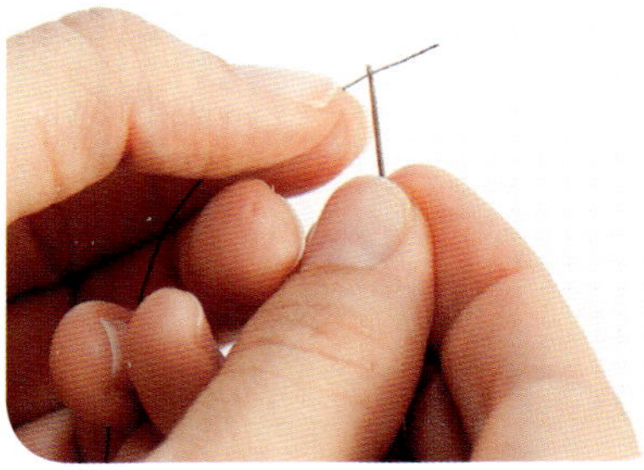

3 Nimm den Faden doppelt, indem du den Faden so weit durchziehst, bis die Fadenenden gleich lang sind.

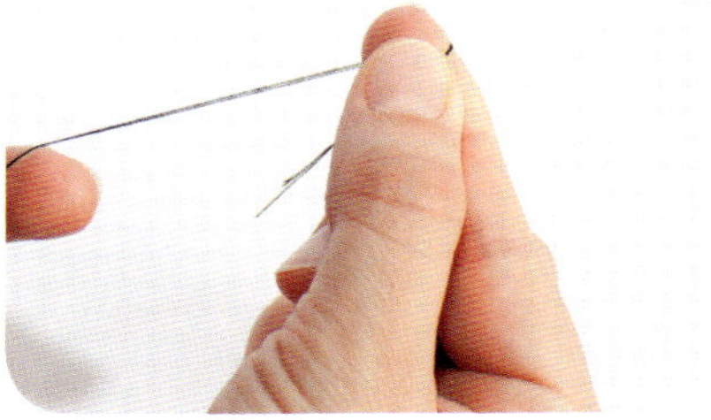

4 Knote beide Enden mehrmals zusammen, sodass ein richtig dicker Knoten entsteht.

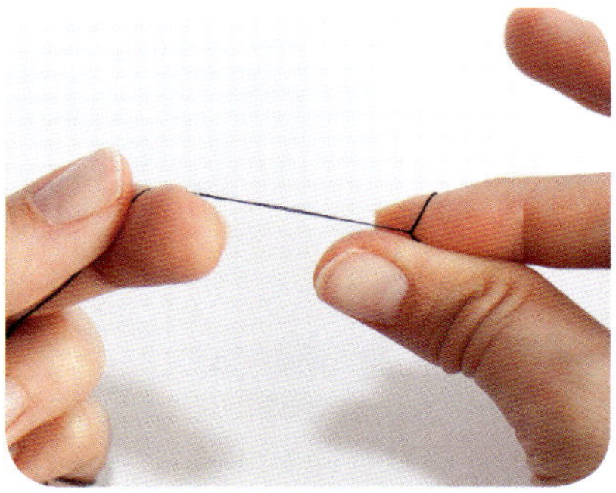

5 Halte den Knopf in der richtigen Position fest und stich von innen durch die Mütze und in das erste Knopfloch, z. B. rechts unten, ein. Pass gut auf deine Finger auf!

6 Stich von außen in das darüber liegende Loch ein.

Du benötigst: Schachenmayr original Boston Sun in Golfgrün (Fb 00070) | Schachenmayr original Boston Sun in Sonne (Fb 00020) | Schachenmayr original Boston Sun in Leinen (Fb 00005) | 2 Knöpfe in Braun mit vier Löchern | Häkelnadel Nr. 6–8

Auf den Knopf gekommen: 3 Runden in Golfgrün, 6 Runden in Sonne, 7 Runden in Leinen. Nähe die beiden Knöpfe direkt übereinander auf die Mütze.

7 Wiederhole das Ganze mit den beiden Knopflöchern auf der linken Seite. Stich immer abwechselnd von innen und von außen durch die Mütze und in die Knopflöcher ein.

8 Nähe so lange, bis dein Knopf richtig fest auf der Mütze sitzt.

9 Zum Schluss vernähst du den Faden auf der Innenseite der Mütze. Stich dafür einmal quer durch die Wollschicht hindurch und führe die Nähnadel durch die entstandene Schlaufe.

10 Verknote den Faden auf diese Weise dreimal und schneide den Faden zum Schluss ab. Fertig ist die Knopfzierde an deiner Mütze.

Du benötigst: Schachenmayr original Boston Sun in Hellblau (Fb 00053) | Schachenmayr original Boston Sun in Neon Grün (00072) | 2 Stoffknöpfe | Häkelnadel Nr. 6–8

Häkle 8 Runden in Hellblau und 7 Runden in Neon Grün. Die Bommel wickelst du in Neon Grün. Knopf am Kopf: Für diese Mütze haben wir selbst beziehbare Knöpfe verwendet.

Le Moustache

Mütze mit Schnurrbart

1 Häkle ein einfarbiges Mützengrundmodell. Übertrage dann die Schnurrbartvorlage auf Papier und schneide sie aus.

2 Lege die Papiervorlage auf den Bastelfilz und übertrage sie mit einem feinen Filzstift.

3 Schneide den Filzschnurrbart aus.

4 Leg dir den Schnurrbart auf der Mütze zurecht. Am besten sieht es aus, wenn der Schnurrbart leicht schräg sitzt.

5 Nimm etwa 50 cm langes Nähgarn doppelt und mach einen Knoten in die beiden Fadenenden. Die Schlaufe am anderen Ende fädelst du in eine Nähnadel ein.

6 Stich von der Mützeninnenseite aus in die untere Mitte des Schnurrbarts ein.

Du benötigst: Schachenmayr original Boston Sun in Royal (Fb 00052) | Schachenmayr original Boston Sun in Pink (Fb 00036) | Bastelfilz in Pink | Häkelnadel Nr. 6–8

Eine Vorlage für den Schnurrbart findest du hinten im Buchumschlag.

7 Nähe mit einfachen Handstichen einmal um den ganzen Schnurrbart herum, indem du mit der Nadel immer abwechselnd von innen und von außen einstichst.

8 Wenn du den Schnurrbart einmal umnäht hast, stichst du noch einmal von außen nach innen.

9 Stich auf der Mützeninnenseite einmal quer durch die Wollschicht der Mütze hindurch.

10 Verknote den Faden, indem du die Nähnadel durch die entstandene Schlaufe führst. Wiederhole dies zweimal und schneide den Faden ab.

11 Fertig ist die deine Schnurrbart-Mütze!

Du benötigst: Schachenmayr original Boston Sun in Golfgrün (Fb 00070) | Schachenmayr original Boston Sun in Grau meliert (Fb 00092) | Bastelfilz in Grau | Häkelnadel Nr. 6–8 | Schnurrbartvorlage (siehe hinten im Buchumschlag)

Très Moustachic! Zeichne dir noch andere Motive als Vorlage auf, z. B. einen Stern, ein Herz oder deine Initialien. So machst du dir eine Mütze, die einfach einzigartig ist!

Im Schleifenglück

Die festliche Mütze

1 Häkle ein Mützenmodell deiner Wahl. Dann führst du das Band zwischen Daumen und Zeigefinger und bindest es einmal um deine Hand.

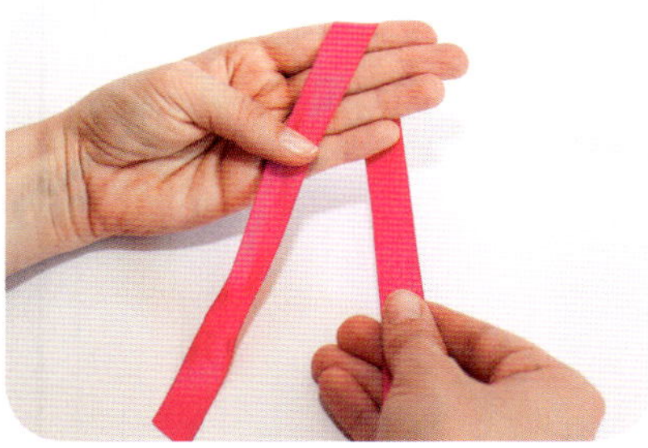

2 Fixiere die Stelle, wo sich die beiden Bandenden kreuzen mit dem Daumen.

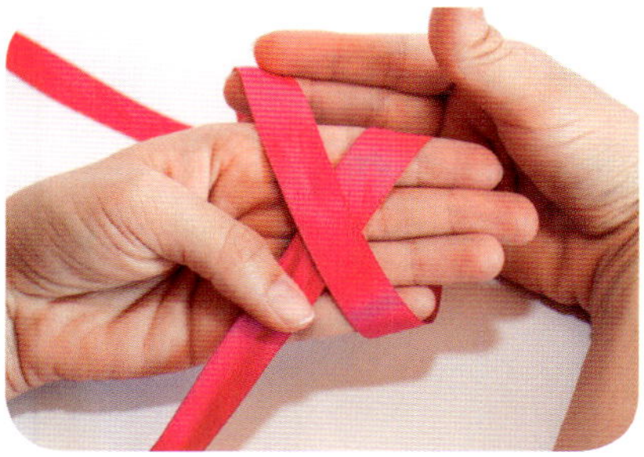

3 Streife das Band von deiner Hand ab und halte die Bandeneden weiterhin fixiert zwischen Daumen und Zeigefinger.

4 Lege einen Wollfaden waagerecht vor dich hin und setze die Schleife senkrecht dazu in die Mitte des Wollfadens.

5 Mach nun zwei feste Knoten in die Enden des Wollgarns.

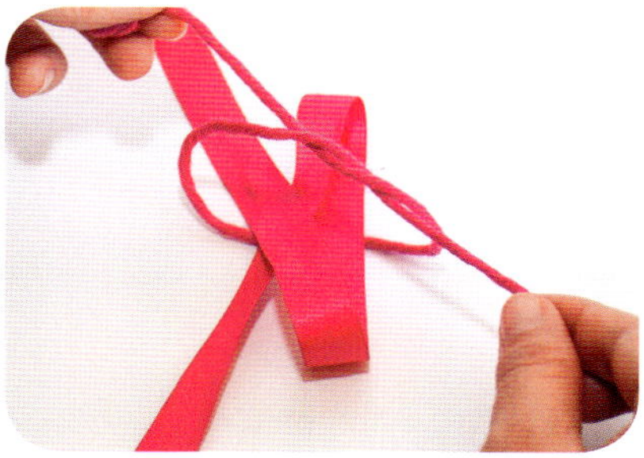

6 Damit der zweite Knoten richtig fest sitzt, kannst du deinen Zeigefinger zu Hilfe nehmen.

7 Schneide die Bandenden auf die richtige Länge zu.

8 Platziere die Schleife so auf der Mütze, dass der Garnknoten auf der Rückseite liegt. Mithilfe der Stopfnadel führst du ein Fadenende durch die Mütze hindurch auf die Innenseite. Wiederhole das Ganze mit dem zweiten Fadenende. Zwischen den beiden Fäden sollte ein halbes Stäbchen liegen.

9 Mach einen doppelten Knoten auf der Innenseite der Mütze.

10 Zur Verzierung kannst du die Bandenden in der Mitte spitz einschneiden, sodass seitlich zwei Spitzen entstehen. Fertig ist deine Festtagsmütze!

Du benötigst: Schachenmayr original Boston Sun in Aqua (Fb 00051) | Schachenmayr original Boston Sun in Sonne (Fb 00020) | Schleifenband in Pink | Häkelnadel Nr. 6–8

Häkle 8 Runden in Aqua, 5 Runden in Sonne und wieder 2 Runden in Aqua. Das Schleifchen fertigst du dir am besten in einer leuchtenden Kontrastfarbe an.

Flower Power!

Blumen an die Mütze!

Einfache Blüte

1 Nachdem du ein Mützenmodell deiner Wahl gehäkelt hast, häkelst du eine Luftmaschenkette aus 5 Luftmaschen.

2 Schließe die Luftmaschenkette mit einer Kettmasche zu einem Ring.

3 Häkle 11 feste Maschen in den Ring. Verarbeite dabei den Anfangsfaden mit, so kannst du den Ring am Schluss etwas enger ziehen und deine Blume hat in der Mitte kein zu großes Loch.

4 Beende die Runde mit einer Kettmasche.

5 Nun kannst du den Ring enger ziehen.

6 Häkle von der Kettmasche aus 4 Luftmaschen.

7 Überspringe den 1. Maschenbogen der Vorrunde und verbinde die letzte Luftmasche und die 2. feste Masche der Vorrunde mit einer Kettmasche.

8 So sieht die erste Blüte deiner Blume aus. Häkle noch fünf weitere dieser Blüten, indem du Schritt 6 und 7 wiederholst.

9 Schließe auch die fünfte Blüte mit einer Kettmasche ab.

Du benötigst: Schachenmayr original Boston Sun in Sonne (Fb 00020) | Schachenmayr original Boston Sun in Royal (Fb 00052) | Schachenmayr original Boston Sun in Pink (Fb 00036) | Häkelnadel Nr. 6–8

Arbeite in jeder Farbe 3 Runden. Häkle die einfache Blüte und wechsle die Farbe, wenn du die Blüte deluxe häkeln möchtest.

Blüte deluxe

1 Du kannst deine Blüte noch aufwändiger gestalten, indem du 1 feste Masche in das 1. Blütenblatt häkelst.

2 Häkle in das gleiche Blütenblatt 1 halbes Stäbchen.

3 Häkle anschließend 1 ganzes Stäbchen.

4 Häkle jetzt wieder 1 halbes Stäbchen ...

5 ... und noch mal 1 feste Masche.

6 Um das Blütenblatt abzuschließen häkelst du noch eine Kettmasche in die Kettmasche des Blütenbogens, die den Bogen mit den festen Maschen der Vorrunde verbindet.

7 Das erste Blütenblatt ist fertig.

8 Wiederhole Schritt 1–6 für alle Blütenblätter. Fertig ist deine Häkelblume, die du jetzt als tolles Schmuckaccessoire an deine Mütze nähen kannst.

Du benötigst: Schachenmayr original Boston Sun in Leinen (Fb 00005) | Schachenmayr original Boston Sun in Sonne (Fb 00020) | Schachenmayr original Boston Sun in Azalee (Fb 00037) | Knopf | Häkelnadel Nr. 6–8

Häkle 10 Runden in Leinen, 1 Runde in Sonne, 1 Runde in Leinen, 2 Runden in Sonne, 1 Runde in Azalee, 2 Runden in Sonne sowie die Ohrenklappen in Sonne. Die letzte Runde häkelst du in Leinen. Hübsche dein Blümchen in Azalee noch mit einem kleinen Knopf auf!

Die Mustermütze

Mützen behäkeln

1 Häkle ein Mützenmodell deiner Wahl. Besonders schön sieht die Mütze am Ende aus, wenn die letzten beiden Runden in der gleichen Farben wie die Schriftzüge gehäkelt sind.

2 Wende deine Mütze nun „linksherum“, also von innen nach außen.

3 Nimm einen neuen Wollfaden zur Hand und zieh das Ende mithilfe einer Stopfnadel durch eine Masche auf der Innenseite deiner Mütze.

4 Mach einen doppelten Knoten.

5 Wende deine Mütze nun wieder von innen nach außen, sodass die schöne Seite außen liegt.

6 Zieh den Faden zwischen kleinem Finger und Ringfinger hindurch und wickle ihn von hinten nach vorne einmal um deinen Zeigefinger.

7 Nun stichst du mit der Häkelnadel einmal von außen durch die Mütze hindurch. Such dir dabei ein großes Loch zwischen den Maschen aus, so kannst du den Arbeitsfaden leichter nach außen ziehen.

Du benötigst: Schachenmayr original Boston Sun in Weiß (Fb 00001) | Schachenmayr original Boston Sun in Neon Grün (Fb 00072) | Schachenmayr original Boston Sun in Royal (Fb 00052) | Schachenmayr original Boston Sun in Rot (Fb 00030) | Häkelnadel Nr. 6–8

Häkle 10 Runden in Weiß, 2 Runden in Neon Grün und 7 Runden in Royal. Die Bommel und das Muster fertigst du in Rot. Wenn du möchtest, sticke noch ein Sternchen auf (Wie das geht, erfährst du ab Seite 80).

8 Hol den Faden durch das Maschenloch nach außen. Nun liegt eine Schlaufe auf deiner Nadel.

9 Stich nun etwas entfernt wieder von außen in die Mütze ein, hol den Faden nach außen und hol ihn dann durch die Schlaufe auf deiner Häkelnadel, sodass du danach wieder eine Schlaufe auf deiner Nadel hast. Achte beim Häkeln der Muster darauf, besonders locker zu häkeln, sonst verformt sich deine Mütze.

10 Wiederhole die Schritte beliebig oft, bis dein gewünschtes Muster fertig ist. Auf diese Weise kannst du ein Herz, einen Stern und mit etwas Übung auch deinen Namen auf die Mütze häkeln.

11 Wenn du dein Muster abgeschlossen hast, schneidest du den Faden ab, er sollte eine Restlänge von 10 cm haben. Ziehe die letzte Schlaufe auf deiner Häkelnadel lang, bis der Faden durchrutscht.

12 Ziehe das Fadenende mithilfe der Stopfnadel ins Innere der Mütze.

13 Verknote das Fadenende im Innern der Mütze mit dem Anfangsfaden deiner Mütze. Alternativ kannst du den Endfaden mit einer Masche verknoten und anschließend vernähen.

14 Fertig ist deine Mütze mit individuellem Muster!

Du benötigst: Schachenmayr original Boston Sun in Tinte (Fb 00050) | Schachenmayr original Boston Sun in Neon Grün (Fb 00072) | Häkelnadel Nr. 6–8

Deine Mütze, dein Markenzeichen! Bommel und Verzierung sind wieder in der gleichen Farbe.

Sternstunden

Sternchen auf die Mütze sticken

1 Nimm 40 cm langes Wollgarn und fädle es in eine Sticknadel ein.

2 Stich von innen durch die Mütze durch. Auf der Innenseite der Mütze sollte der Anfangsfaden noch ca. 10 cm lang herunter hängen, damit du ihn am Ende mit dem Endfaden verknoten kannst. Halte den Faden innen während des Stickens mit der anderen Hand fest.

3 Nun stichst du mit der Sticknadel ca. 3 cm schräg gegenüber (rechts oben) von außen in die Mütze ein. Spanne den Faden nicht zu sehr, so bleibt er auf der Mützenoberfläche schön sichtbar und die Mütze selbst verformt sich nicht.

4 Stich vom Innern der Mütze so aus, dass du außen rechts unten mit der Nadel wieder herauskommst.

5 Stich dann wieder schräg gegenüber in die Mütze ein.

6 Für einen senkrechten Strich stichst du unten aus der Mütze aus und 3 cm weiter oben wieder ein.

Du benötigst: Schachenmayr original Boston in Neon Grün (Fb 00171) | Schachenmayr original Boston in Feuer (Fb 00030) | Häkelnadel Nr. 6–8

Germanys next HäkelStar! Sternchen hast du ruck, zuck fertig! Versuche den Faden beim aufnähen nicht zu fest zu ziehen, damit der schön sichtbar bleibt.

7 Für einen Strich, der waagerecht verläuft, stichst du rechts aus der Mütze aus und 3 cm gegenüber wieder in die Mütze ein.

8 Um den Stern noch etwas aufzupeppen, stichst du mit der Stopfnadel von innen nach außen in die Mitte des Sterns.

9 Die Fäden werden mit einer Schlaufe verbunden, indem du einen halben Zentimeter neben der Ausstichstelle wieder einstichst.

10 Wende deine Mütze von innen nach außen und verknote die beiden Fadenenden doppelt miteinander. Ziehe die Fäden dabei nicht zu fest an, sodass der Stern locker auf deiner Mütze sitzt.

11 Schneide die Fäden kurz zurück.

12 Sticke beliebig viele Sternchen in verschiedenen Größen auf deine Mütze.

Du benötigst: Schachenmayr original Boston Sun in Pink (Fb 00036) | Schachenmayr original Boston Sun in Golfgrün (Fb 00070) | Häkelnadel Nr. 6–8

Bist du im Häkelfieber? Kombiniere Sternchen mit Bommel, Ohrenklappen und Zöpfen!

Helau Mütze!

Konfetti-Mütze häkeln

1 Häkle eine Luftmaschenkette aus 5 Luftmaschen.

2 Schneide den Faden 10 cm von der Häkelnadel entfernt ab und hole das Fadenende durch die Schlaufe auf deiner Häkelnadel.

3 Mache einen Knoten in die Luftmaschenkette.

4 Versuche darauf zu achten, dass der Knoten in der Mitte der Luftmaschenkette liegt.

5 Mit den Fingern kannst du den Knoten noch etwas nachformen, damit er schön rund ist.

6 So sieht der erste Konfettiknoten aus.

Du benötigst: Schachenmayr original Boston Sun in Marine (Fb 00054) | Wollreste in verschiedenen Farben | Häkelnadel Nr. 6–8

Je mehr Konfettis, desto lustiger die Mütze!

7 Wiederhole Schritt 1–5 und fertige Konfettiknoten in ganz unterschiedlichen Farben an. Damit es richtig bunt auf der Mütze wird, benötigst du mindestens zehn Konfettiknoten.

8 Fädle den Anfangsfaden der Luftmaschenkette in eine Stopfnadel ein und stich von außen in die Mütze, um den Faden nach innen zu führen.

9 Führe nun auch den Endfaden der Luftmaschenkette mithilfe der Stopfnadel von außen nach innen in die Mütze. Achte dabei darauf, dass zwischen Anfangs- und Endfaden ein halbes Stäbchen liegt, damit dein Konfettiknoten auch gut sitzt.

10 Verknote die beiden Fäden auf der Innenseite der Mütze doppelt miteinander.

11 Den übrigen Faden schneidest du ab.

12 Bring so viele Konfettis wie du möchtest und in Mustern deiner Wahl auf der Mütze an.

Natürlich kannst du auch die Grundfarbe der Mütze variieren, wie es dir gefällt. Wie wäre es mit einem frühlingshaften Grün oder einem sommerlichen Gelb?

Erfrischung gefällig?

Melonenmütze

1 Häkle das Mützengrundmodell und beginne mit der Farbe Rot. Die drittletzte Runde häkelst du in Weiß und die beiden letzten Runden in Grün.

2 Damit man deine Mütze als Melone auch erkennen kann, braucht sie noch schwarze „Kerne“. Nimm das Wollgarn in Schwarz und schneide zehn Fäden mit je 30 cm Länge zurecht.

3 Fädle einen schwarzen Faden auf eine Stopfnadel auf und stich von innen nach außen durch die Mütze hindurch. Am besten halten die „Kerne“ wenn du sie direkt auf ein halbes Stäbchen stickst.

4 Stich oberhalb des halben Stäbchens wieder in die Mütze ein.

5 Stich unterhalb des halben Stäbchens aus und oberhalb des halben Stäbchens rechts vom Wollfaden wieder ein.

6 Stich unterhalb des halben Stäbchens aus und oberhalb des halben Stäbchens, diesmal links neben dem Faden, wieder ein.

7 Jetzt verknotest du die Fadenenden im Innern der Mütze doppelt miteinander. Ziehe die Fäden dabei nicht zu fest, damit der Melonenkern auf der Mütze schön sichtbar bleibt.

8 Sticke die restlichen Kerne zickzackförmig auf deine Mütze.

Du benötigst: Schachenmayr original Boston Sun in Rot (Fb 00030) | Schachenmayr original Boston Sun in Weiß (Fb 00001) | Schachenmayr original Boston Sun in Golfgrün (Fb 00070) | Schachenmayr original Boston Sun in Schwarz (Fb 00099) | Häkelnadel Nr. 6–8

Mit Schirm, Charme und Melone! Versuch die „Kerne" nur im unteren Teil des roten Bereichs anzubringen. So sieht deine Melone noch echter aus.

Mit Label bist du der Star!

Einfach unverwechselbar

1 Fädle ein Ende von einem 50 cm langen Nähgarn in eine Nähnadel ein.

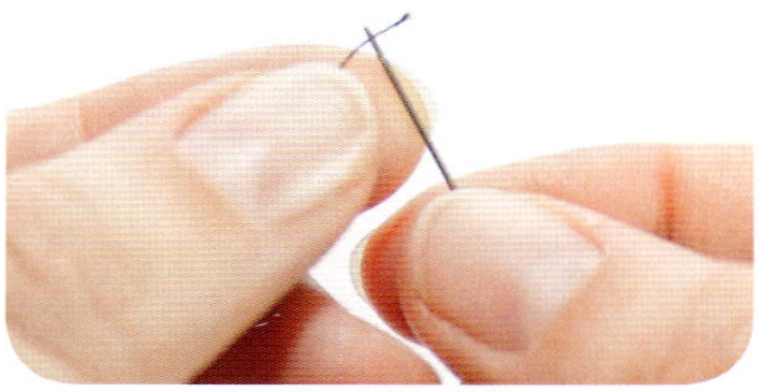

2 Nimm den Faden doppelt, d. h. zieh den Faden so weit durch das Nadelöhr hindurch, bis du zwei gleich lange Enden hast.

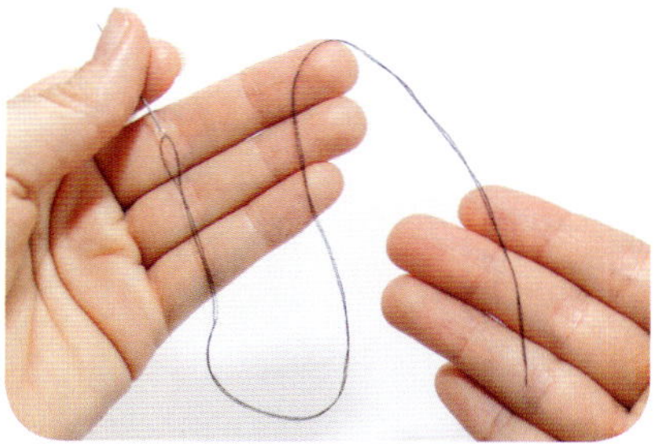

3 Verknote die beiden Fadenenden mehrmals, sodass ein richtig dicker Knoten entsteht.

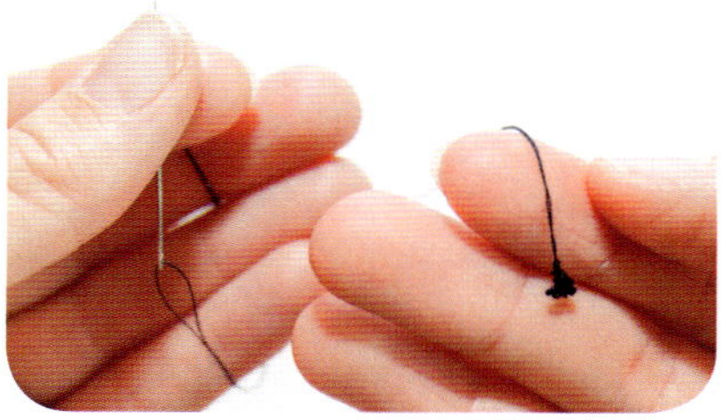

4 Leg nun deine Mütze so vor dich hin, dass die Mützenöffnung nach unten zeigt.

5 Halte das Label an die Mütze, wo du es gerne haben möchtest. Stich nun von innen durch die Mütze, sodass der Knoten auf der Innenseite in der Wolle hängen bleibt.

6 Gleichzeitig stichst du mit deiner Nadel durch die rechte obere Ecke des Labels. Pass dabei gut auf deine Finger auf!

Du benötigst: Schachenmayr original Boston Sun in Veilchen (Fb 00048) | Schachenmayr original Boston Sun in Neon Grün (Fb 00072) | Häkelnadel Nr. 6–8

Der Ringelklassiker! Wechsle die Farbe nach jeder Runde und schließe die Mütze mit 2 Runden in Veilchen ab. Am besten sieht das Label aus, wenn du es an der Seite anbringst.

7 Jetzt stichst du etwa 5 mm weiter links mit der Nadel von außen durch das Label und die Mütze hindurch.

8 Stich noch dreimal, abwechselnd von innen und außen, durch Label und Mütze hindurch, bis du am linken Rand des Labes angekommen bist.

9 Jetzt nähst du die Rückseite des Labels an. Wende deine Mütze von innen nach außen und stich mit der Nadel zuerst durch die Wollstruktur der Mützeninnenseite und dann durch die rechte obere Ecke des Labels.

10 Achte beim Nähen darauf, dass du mit der Nadel nicht auch noch durch das Label auf der anderen Seite stichst, sondern nur durch die Wollstruktur dazwischen.

11 Bist du am linken Rand deines Labels angekommen, verknotest du das Fadenende dreimal.

12 Schneide das Fadenende ab – fertig!

Du benötigst: Schachenmayr original Boston Sun in Royal (Fb 00052) | Schachenmayr original Boston Sun in Weiß (Fb 00001) | Schachenmayr original Boston Sun in Rot (Fb 00030) | Häkelnadel Nr. 6–8

Allez les bleus! Häkle dir die Mütze in den Farben deiner Lieblingsmannschaft oder deines Lieblingsvereins! Hier sind es 5 Runden in Royal, 6 Reihen in Weiß und 5 Reihen in Rot.

Mützen-SOS!

Was tue ich, wenn...

... mir der Faden ausgeht?

Verknote das Ende deines Arbeitsfadens mit einem Garn in der gleichen Farbe und lass die Häkelnadel dabei in der letzten Schlaufe hängen. Versuche den Knoten möglichst nahe an deiner letzten Masche zu machen. Jetzt häkelst du ganz normal weiter. Die beiden Fadenenden verarbeitest du dabei mit oder lässt sie hängen und vernähst sie zum Schluss.

... ich beim Verdoppeln der Maschen nicht genau am Ende der Runde mit meiner Zählfolge fertig bin?

Keine Sorge, das ist ganz normal. Zähl in deiner „alten" Zählfolge weiter bis du über den Rundenanfang hinaus bist und fang dann mit der nächsten Zählfolge an.

... im Arbeitsfaden plötzlich ein Knoten auftaucht?

Häkle einfach weiter. Falls der Knoten an der Außenseite deiner Mütze sichtbar wird, versuche ihn nach innen zu ziehen. Falls das nicht funktioniert, ziehst du die letzten Maschen auf und versuchst, etwas fester zu häkeln, bis der Knoten an einer unauffälligeren Stelle zum Vorschein kommt.

... sich meine Mütze wellt?

Dann hast du wahrscheinlich zu locker gehäkelt. Ziehe die Runden, die sich besonders stark wellen, wieder auf und versuche schön gleichmäßig und etwas fester zu häkeln.

... wenn ich zum Schluss feststelle, dass mir die Mütze zu klein ist?

Ziehe die letzten sechs Runden auf und verdopple in der ersten neuen Runde jede 8. Masche. So wird deine Mütze automatisch weiter.

Wie messe ich meinen Kopfumfang?

Du benötigst ein Maßband. Leg es so um deinen Kopf, dass es in Stirnhöhe über den Augenbrauen liegt. Leg deinen Zeigefinger auf die Stelle, an der der Anfang des Maßbands auf die Skala am restlichen Maßband stößt. Nimm das Maßband wieder ab, ohne deinen Zeigefinger von der Stelle zu bewegen, und sieh nach, auf welcher Zahl dein Zeigefinger liegt.

Tanja Gschwender, die Frau hinter dem Label „PotatoHat", wurde 1983 in Ingolstadt geboren. Sie ist gelernte Industriekauffrau und inzwischen auch Mutter von 1-jährigen Zwillingen. Während andere Schuhticks haben, ist sie ganz verrückt nach farbenfrohen Häkelmützen. Zum Häkeln kam sie durch Zufall vor fünf Jahren im Surfurlaub und gründete, ganz dem Häkelfieber verfallen, ihr Label „PotatoHat". Am Häkeln liebt sie besonders das kreative Spiel mit Farben und Designs. Ob im Winter beim Snowboarden, im Sommer beim Surfen oder bei einem lauschigen Biergartenabend – die passende Mütze ist immer mit dabei! Mehr zum Label „PotatoHat" gibt es auf der Homepage: www.potatohat.de

Wir danken der Firma Coats für die Unterstützung bei diesem Buch.
Coats GmbH Kensingen | www.schachenmayr.com | www.coatsgmbh.de

PotatoHat

Impressum

MÜTZENMODELLE: Tanja Gschwender

FOTOS: frechverlag GmbH, 70499 Stuttgart; lichtpunkt, Michael Ruder, Stuttgart

PRODUKTMANAGEMENT UND LEKTORAT: Carolin Eichenlaub

MÜTZENILLUSTRATIONEN: Ursula Schwab, Schwab Illustration, Haselund

LAYOUT UND SATZ: Katrin Krengel

DRUCK UND BINDUNG: GPS Group GmbH, Österreich

1. Auflage 2014

ISBN 978-3-7724-5995-5 • Best.-Nr. 5995

www.topp-kreativ.de

Hilfestellung zu allen Fragen, die Material und unsere Bücher betreffen, erhalten Sie bei unserem Kreativservice von Erika Noll unter 05052/911858 (normale Telefongebühren).